Mein erstes großes Bildwörterbuch von A-Z

Von Amrei Fechner
Mit Versen von Georg Telemann

gondolino

Der Adler
Da fliegt der Adler, groß und hoch –
rasch saust die Maus ins Mauseloch.

Die Amsel
Es singt die Amsel laut und schön,
ganz früh und wenn wir schlafen gehn.

Der Affe
Ich wollte gern ein Affe sein:
im Urwald klettern, springen, schrein.

Die Ameisen
Sie schleppen, ziehen, tragen, laufen
und baun ihr Haus als großen Haufen.

Die Ananas
Von süßen Früchten Nanna aß
am allerliebsten Ananas.

Der Artist
Geschickt, geübt und mutig ist
der Hochseilkünstler, der Artist.

Der Arzt, die Ärztin
Mir geht 's nicht gut, bin leider krank –
da helfen Ärzte, Gott sei Dank.

Die Ampel
Pass auf, wenn wir die Ampel sehn:
bei Rot ist Stop und Grün heißt Gehn.

A B CD E F G H IJ K L M N O PQ R S Sch T UV W XYZ

Das Baby
Das Baby trinkt aus seiner Flasche
und strampelt in der Tragetasche.

Der Ballon
Hoch über uns schwebt er davon,
ganz leis und langsam: der Ballon.

Der Bagger
Der Bagger greift und drückt und gräbt,
er schuftet, schaufelt, schiebt und hebt.

Die Banane
Warum ist die Banane krumm?
Weil sie so wächst, ganz einfach. Drum!

Die Birne
Die eine Birne glüht im Raum,
die andre wächst an ihrem Baum.

Der Blitz
Der Blitz zuckt durch die dunkle Nacht.
Pass auf, weil gleich der Donner kracht.

Die Biene
Als Vorrat für den Winter haben
die Bienen Honig in den Waben.

Das Buch
Wir lesen gern und schauen an,
was man in Büchern finden kann.

Der Bär
Der Bär ist stark und schnell und schwer
und süßen Honig liebt er sehr.

A
B
CD
E
F
G
H
IJ
K
L
M
N
O
PQ
R
S
Sch
T
UV
W
XYZ

Das Camping
Beim Campingspaß in Wald und Feld
wohnt man im Wagen oder Zelt.

Der Cowboy
Der Cowboy, der als Kuhhirt reitet,
ist hier an Fastnacht nur verkleidet.

Der Clown
Mit lustigen verrückten Sachen
bringt uns der Zirkusclown zum Lachen.

Der Computer
Computer dienen heute vielen
zur Arbeit, aber auch zum Spielen.

Die Dusche
Die Dusche gießt und sprüht uns nass,
es ist ein toller Badespaß.

Der Dachs
Der graue Dachs erwacht und macht
sich auf die Jagd in dunkler Nacht.

Der Delfin
Delfine können schwimmen, springen
und manchmal unter Wasser singen.

Das Dreirad
Das Dreirad fährt dich grad und krumm
und kreuz und quer – und fällt nicht um.

A
B
CD
E
F
G
H
IJ
K
L
M
N
O
PQ
R
S
Sch
T
UV
W
XYZ

Das Ei
Sie schlüpfen alle aus dem Ei:
Das Huhn, der Hai, der Papagei.

Die Eiche, die Eichel
Die kleine Eichel siehst du kaum –
aus ihr wächst dann der Riesenbaum.

Das Eichhörnchen
Eichhörnchen klettern in den Bäumen,
im Kogel nisten sie und träumen.

Die Eidechse
Eidechsen lieben Sonnenschein
und klettern über Stock und Stein.

Das Eis, die Erdbeere
Im Sommer müsst ihr uns besuchen,
da gibt es Eis und Erdbeerkuchen.

Die Ente
Stell dir mal vor: wenn wir wie Enten
auch fliegen, schwimmen, tauchen könnten!

Der Elefant
Hier wandern sie, die Elefanten,
die Kinder, Eltern und Verwandten.

A
B
CD
E
F
G
H
IJ
K
L
M
N
O
PQ
R
S
Sch
T
UV
W
XYZ

Das Fahrrad
Es braust der Wind, die Haare wehn –
hei, Fahrrad fahren, das ist schön.

Die Feuerwehr
Es brennt! Da kommt die Feuerwehr
schnell wie der Blitz zur Hilfe her.

Die Flöte
Ja, das macht Spaß: wenn wir mit vielen
vergnügten Kindern Flöte spielen.

Das Flugzeug
Das Flugzeug startet in die Höhe
und fliegt viel weiter, als ich sehe.

Die Fledermaus
Kopfunter schläft die Fledermaus
am hellen Tag im dunklen Haus.

Der Frosch
Quak, quak, so ruft der Frosch im Teich.
Willst du ihn fangen, springt er gleich.

Der Fußball
Wir können nur mit Kopf und Füßen
beim Fußballspielen Tore schießen.

Der Fuchs
Der Fuchs geht um! In Wald und Flur
ist er der Beute auf der Spur.

Die Gänse
Die wilden Gänse fliegen weit
nach Süden vor der Winterzeit.

Das Gespenst
Was regt sich da am Zimmerfenster?
Vorhänge sind es, nicht Gespenster.

Die Gämse
Die Gämsen klettern leicht und schnell
auf Felsenhängen und Geröll.

Die Gießkanne
Mit Wasser aus der Kanne gießen
wir Rasen, Blumen, Wege, Wiesen.

Die Gitarre
Wir singen gern und immer wieder
mit der Gitarre unsere Lieder.

G

Die Giraffe
Im Zoo sehn wir Giraffen nah.
Sonst leben sie in Afrika.

Die Glocke
Hörst du die Abendglocken klingen?
Sie wollen dir ein Schlaflied singen.

Die Grille
Der Sommer glüht. Es zirpt die Grille
im hohen Gras – und dann ist Stille.

Der Hahn
Schon früh am Morgen kräht der Hahn.
Kikeriki! Der Tag fängt an.

Der Hai
Im weiten Meer ist Blut geflossen –
schon kommt der Hai herbeigeschossen.

Der Hamster
Der Hamster wird im Winter satt
von dem, was er gesammelt hat.

Der Hirsch
Die Hirsche rufen, brummen, röhren,
man kann sie schon von weitem hören.

Der Hase
Der Hase mit dem langen Ohr
kommt noch in Feld, Wald, Wiese vor.

Der Hubschrauber
Wenn sich die Rotorflügel drehen,
dann kann er starten, fliegen, stehen.

Das Haus
Sie leben alle gern im Haus
mit uns: der Hund, die Katz, die Maus.

Der Hund
Dein Hund ist groß,
mein Hund ist klein,
sie wollen unsere Freunde sein.

A B CD E F G H IJ K L M N O PQ R S Sch T UV W XYZ

Der Igel
Der Igel kann mit Stachelspitzen
sich bei Gefahr vor Feinden schützen.

Die Indianer
Vor Hundert Jahren ritten sie
zur Büffeljagd durch die Prärie.

Die Insel
Die Insel liegt im weiten Meer
begrenzt von Wasser ringsumher.

Der Jaguar
Der Jaguar mit bunten Flecken
kann sich im Urwald gut verstecken.

Der Jeep
Der Jeep fährt über Stock und Stein
bergauf, bergab und querfeldein.

Das Jojo
Was läuft am Faden fast allein?
Das kann ja nur ein Jojo sein!

Die Johannisbeere
Johannisbeeren leuchten rot.
Schön sauer schmecken sie mit Brot.

A B CD E F G H IJ K L M N O PQ R S Sch T UV W XYZ

Der Käfer
Es gibt die Käfer überall,
in Wasser, Wüste, Berg und Tal.

Das Kamel
Von den Kamelen siehst du hier
links Dromedar, rechts Trampeltier.

Das Känguru
Es bringt das kleine Känguru
viel Zeit in Mutters Beutel zu.

Die Kartoffel
Kartoffeln dampfen auf dem Tisch,
sie schmecken gut zu Fleisch und Fisch.

Die Kastanie
Mit Blütenkerzen wie ein Traum,
so leuchtet der Kastanienbaum.

Die Katze
Die Katze schleicht. Sie will mit langen
und spitzen Krallen Mäuse fangen.

Der Kasperl
Der Kasperl ruft: Sind alle da?
Und alle Kinder rufen: Ja!

Das Karussell
Beim Jahrmarkt dreht sich laut und schnell
im Kreis das Kettenkarussell.

Der Kuckuck
„Kuckuck!" Sein lautes Rufen schallt
im Frühling aus dem grünen Wald.

Das Krokodil
Das Krokodil schwimmt gern im Nil,
es wird sehr groß und frisst sehr viel.

A B CD E F G H IJ K L M N O PQ R S Sch T UV W XYZ

Der Lampion
Am Abend laden wir euch ein
bei Lampions und Kerzenschein.

Die Leiter
Die Leiter lehnt an Baum und Zweigen,
wir können auf- und abwärts steigen.

Der Löwe
Mit seiner Mähne ist er schön,
groß und gewaltig anzusehn.

Der Luftballon
Lässt du ihn los, fliegt er davon:
der schöne bunte Luftballon.

Der Lastwagen
Der LKW schleppt jede Last,
wenn sie auf seine Pritsche passt.

Der Löwenzahn
Wir müssen nur ein bisschen blasen –
die Schirmchen fliegen übern Rasen.

Die Laterne
Sankt Martin ritt durch Schnee und Wind.
Martinslaternen liebt das Kind.

Der Maulwurf
Wer sieht ihn graben, schaufeln, laufen?
Wir sehen nur die Maulwurfshaufen.

Die Maus
Die Maus im Haus ist oft ein Graus.
Die Katze kommt. Hinaus, hinaus!

Die Meise
Im Winter sehen wir die Meisen
vielleicht vor unserm Fenster speisen.

Die Möhre
Die Gelben Rüben oder Möhren
kann man gekocht und roh verzehren.

M

Der Mond
Die blaue Nacht ist hell und klar,
der Vollmond leuchtet wunderbar.

Die Möwe
Wir sehen Möwen oft am Strand,
doch fliegen sie auch über Land.

A
B
CD
E
F
G
H
IJ
K
L
M
N
O
PQ
R
S
Sch
T
UV
W
XYZ

Das Nashorn
Es hat ein scharfes spitzes Horn
als Waffe an der Nase vorn.

Die Nadel
Die eine Nadel hängt am Baum,
die andre näht am Rock den Saum.

Der Nagel
Mit einem gut gezielten „Klopf“
triffst du den Nagel auf den Kopf.

Das Nilpferd
Nur keine Angst vor diesen Zähnen!
Das Nilpferd beißt nicht. Es will gähnen.

Die Nuss
Zur wunderschönen Weihnachtszeit
sind Nuss und Mandelkern bereit.

Der Ochse
Die Ochsen wurden angespannt
und zogen Karren übers Land.

Der Öltanker
Mit Öl beladen, groß und schwer,
so schwimmt der Tanker übers Meer.

Der Omnibus
Es bringt bequem von hier nach dort
der Omnibus die Menschen fort.

Die Orange
Orangen oder Apfelsinen
sind reich an Saft und Vitaminen.

O

A
B
CD
E
F
G
H
IJ
K
L
M
N
O
PQ
R
S
Sch
T
UV
W
XYZ

Die Palme
Komm mit! Wir spielen oder träumen
im Urlaub unter Palmenbäumen.

Der Papagei
Er schreit und fliegt und klettert frei
im Regenwald: der Papagei.

Der Pilz
Im Wald bei Fichten oder Buchen,
da wollen wir die Pilze suchen.

Der Pinguin
In Eis und Schnee und Sturmgebraus,
da ist der Pinguin zu Haus.

Die Puppe
Der Puppenspieler macht Theater:
er spielt die Mutter und den Vater.

Der Pandabär
Der große, schöne Panda liebt
den Urwald, wo es Bambus gibt.

Das Pferd
Wer auf dem Pferd sitzt, der ist groß.
Er reitet. Er ist hoch zu Ross.

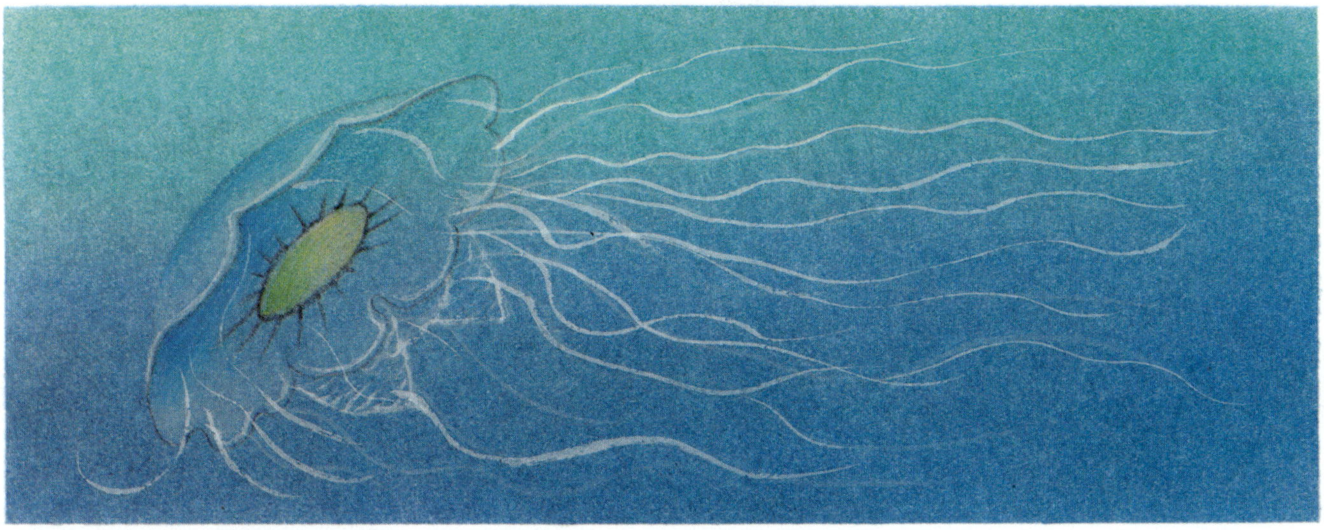

Die Qualle
Wenn uns der Arm der Qualle trifft,
dann juckt und brennt die Haut wie Gift.

Die Quelle
Die Wasser aus den Quellen fließen
in Bach und Fluss durch Wald und Wiesen.

Der Rabe
Sie picken, packen, hacken, graben
und krächzen laut, die schwarzen Raben.

Das Rad
Das Rad gehört zu jenen Sachen,
die unser Leben leichter machen.

Die Rakete
Raketen starten himmelwärts,
zum Forschen – oder auch zum Scherz.

Die Ratte
Die Ratten wollen wir verjagen,
weil sie an allen Sachen nagen.

Der Regenbogen
Vielfarbig ist in Himmelshöhen
der Regenbogen schön zu sehen.

Der Regenwurm
Der Regenwurm gräbt lange Röhren,
um sich von Erde zu ernähren.

R

Der Riese
Aus Märchen kennen alle diesen
gewaltig großen Mann: den Riesen.

A
B
CD
E
F
G
H
IJ
K
L
M
N
O
PQ
R
S
Sch
T
UV
W
XYZ

S

Der Sandkasten
Hier ist der Sand! Wir wollen wühlen
und schieben, schaben, graben, spielen.

Die Säge
Die Säge schneidet Holz und Eisen,
wenn ihre scharfen Zähne beißen.

Das Segelboot
Es bläst am Fluss, am See, am Meer
der Wind die Boote vor sich her.

Das Skifahren
Ich freu mich auf die Winterzeit.
Wir fahren Ski. Es schneit, es schneit!

Der Spatz
Er hüpft und fliegt von Platz zu Platz
und pickt und tschilpt: der graue Spatz.

Die Sonnenblume
Die Sonnenblume, groß und schön,
ist oft am Gartenzaun zu sehn.

Der Storch
Der große weiße Storch verlässt
zum Fröschefang sein hohes Nest.

Der Schäfer, die Schäferin
Mit Hund und Herde ziehn sie hin,
der Schäfer und die Schäferin.

Die Schaufel
Wir schippen Schnee, wir schippen Sand
mit einer Schaufel in der Hand.

Die Schaukel
Es schwingt die Schaukel hoch und nieder
und auf und ab und immer wieder.

Die Schere
Die Schere schneidet schnipp und schnapp
Papier und Stoff in Stücken ab.

Die Schildkröte
Sie kann sich rasch mit Kopf und Füßen
in ihrem Panzer ganz verschließen.

Das Schiff
Hier schwimmt das Frachtschiff,
groß und schwer,
und schafft Container
übers Meer.

Die Schlange
Es blickt die Schlange starr und stolz.
Leicht gleitet sie durchs Unterholz.

Der Schmetterling
Der Falter schlägt die Flügel auf
und plötzlich sind vier Augen drauf.

Der Schwan
Das Nest bewacht der stolze Schwan,
damit das Weibchen brüten kann.

Die Schwalbe
Sie kommt zurück aus Afrika;
dann ist bei uns der Frühling nah.

Die Schnecke
Die Schnecke kommt fast nicht vom Fleck.
Doch schau! Auf einmal ist sie weg.

Sch

Der Teddy, das Telefon
Der Teddy kennt ihn auch, den Ton –
und wer geht jetzt ans Telefon?

Das Tennisspiel
Beim Tennis kommt es darauf an,
dass man den Ball gut treffen kann.

Die Tanne
Grün bleibt die Tanne allezeit,
sogar im Winter, wenn es schneit.

Der Tiger
Groß ist der Tiger, stark und schwer,
und klettert wendig wie ein Bär.

Der Traktor
Der Traktor zieht den Pflug, den Wagen,
da muss der Bauer sich nicht plagen.

Die Tomate
Tomaten werden rot und rund
und sind zum Essen sehr gesund.

Die Trommel
Der Trommelton kommt hart und schnell,
schlägst du auf das gespannte Fell.

Die Trompete
Man hört ihn weit und laut und lang,
den strahlenden Trompetenklang.

Der Tukan
Schau dir den Tukanschnabel an:
Was der wohl alles packen kann!

A B CD E F G H IJ K L M N O PQ R S Sch T UV W XYZ

Das U-Boot
Das U-Boot taucht und ist verschwunden.
Doch fährt es weiter. Aber unten.

Die Uhr
Der Zeiger auf dem Zifferblatt
zeigt, was die Uhr geschlagen hat.

Der Uhu
Der Uhu geht um Mitternacht
im Dunkeln auf die Mäusejagd.

Die Violine
Wie heißt das Saiteninstrument,
das jeder, der Musik macht, kennt?

Vulkan
Vulkan: So nennt man weit und breit
den großen Berg, der Feuer speit.

Der Wal
Siehst du den hohen Wasserstrahl?
Im Meer dort draußen schwimmt ein Wal!

Der Wasserfall
Es schäumt und spritzt und zischt ins Tal
vom hohen Berg der Wasserfall.

Das Wildschwein
Das Wildschwein such nach Larven, Schnecken
und Trüffeln, die im Boden stecken.

Die Windmühle
Die Mühlen mit den Flügeln stehn,
wo ständig starke Winde wehn.

Der Wolf
Der graue Wolf führt seine Meute,
gemeinsam jagen sie die Beute.

A
B
CD
E
F
G
H
IJ
K
L
M
N
O
PQ
R
S
Sch
T
UV
W
XYZ

Das Xylofon
Wir spielen auf dem Xylofon:
Der Klöppel macht den schönen Ton.

Die Yacht
Das weiße Segel glänzt im Wind,
sieh doch, wie schnell die Yachten sind.

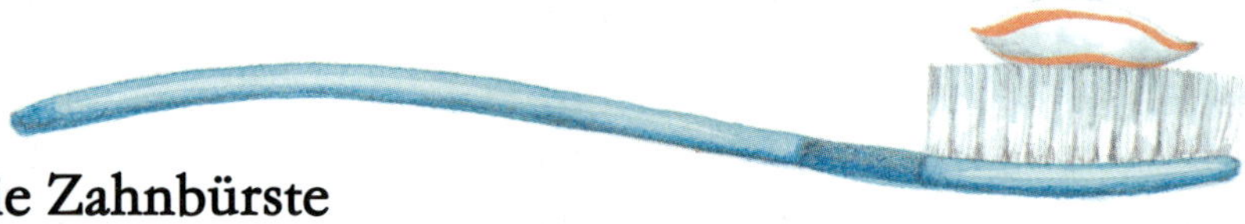

Die Zahnbürste
Wir müssen gut die Zähne bürsten
nach Eis und Reis, nach Weck und Würsten.

Das Zebra, der Zebrastreifen
Das Zebra ist ein Steppentier.
Auf Zebrastreifen gehen wir.

Die Ziege
Die schönen weißen Ziegen heißen
seit alten Zeiten auch noch Geißen.

Der Zeppelin
Wie gern seh ich den Zeppelin
am Himmel mit den Wolken ziehn.

Der Zirkus, das Zelt
Die wunderbare Zirkuswelt
erleben wir im Zirkuszelt.

Der Zwerg
Schneewittchen schlief bei den sieben Zwergen
im Häuschen hinter sieben Bergen.

Die Zitrone
Im Sommer brennt die Sonne heiß.
Wie gut schmeckt dann Zitroneneis!

Die Zwiebel
Es gibt die großen und die kleinen,
und wer sie schneidet, der muss weinen.

Lizenzausgabe für gondolino in der Gondrom Verlag GmbH, Bindlach 2004
Umschlagillustration: Amrei Fechner
Umschlaggestaltung: Constanze Ordnung

ISBN 3-8112-2261-9

Der Umwelt zuliebe gedruckt auf chlorfrei gebleichtem Papier.

E
N
D
E